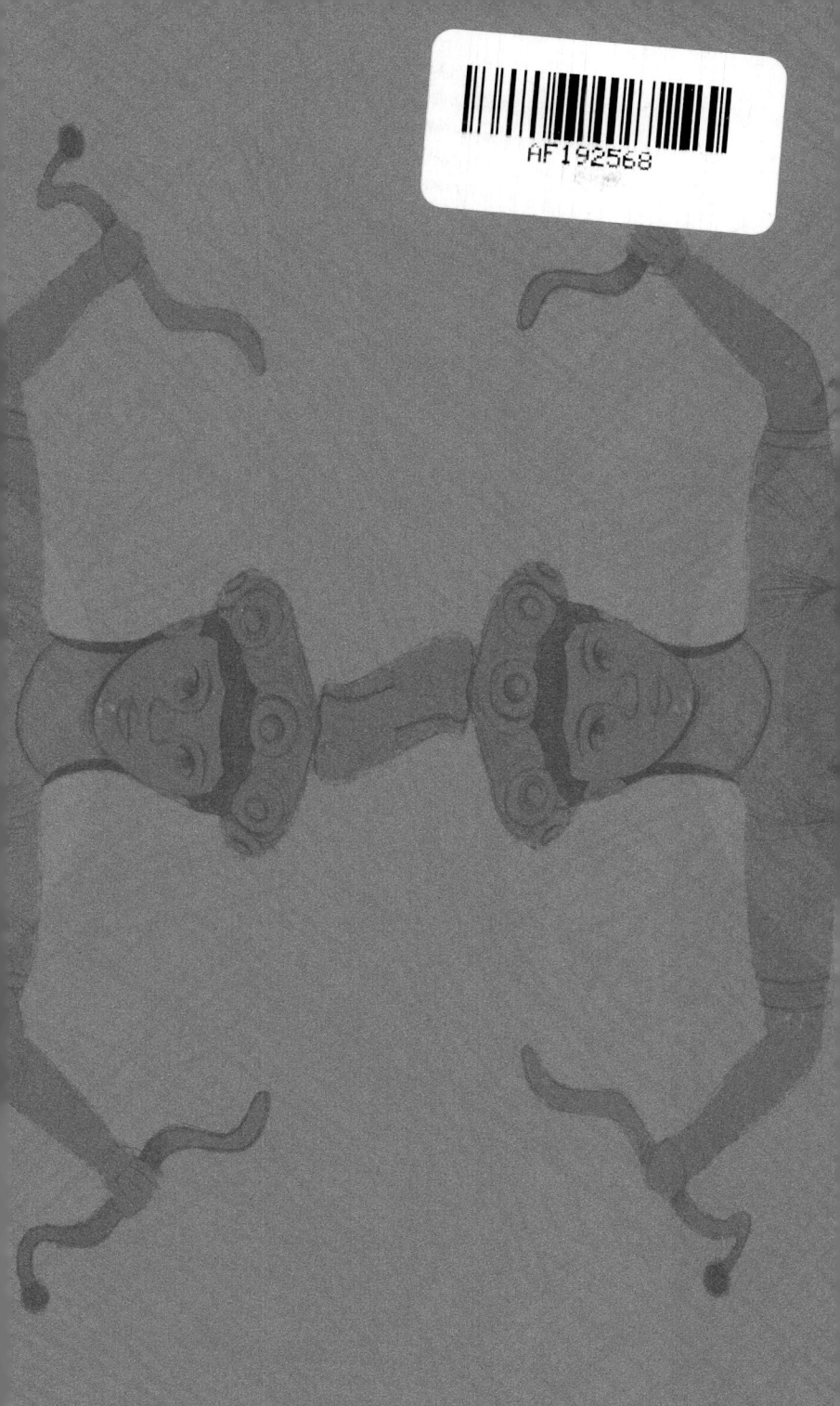

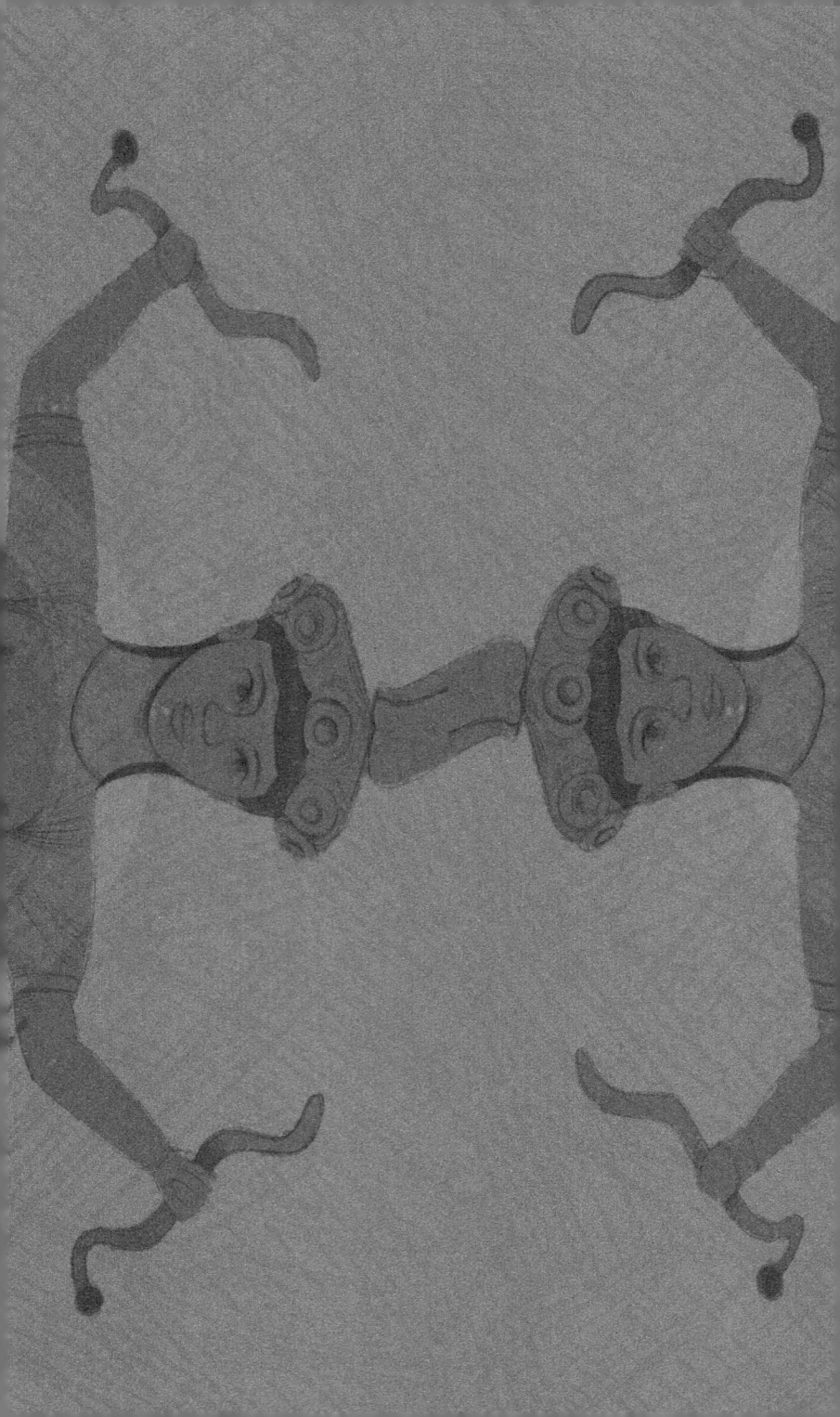

Também guardamos pedras aqui

TAMBIÉN NOSOTRAS GUARDAMOS
PIEDRAS

Colección dirigida por Inés Martínez García

También nosotras guardamos piedras
Tambén guardamos pedras aqui, de Luiza Romão
Texto © Luiza Romão, 2021
Edición original © Editora Nós, 2021
Publicado bajo acuerdo con Editora Nós/Brasil
www.editoranos.com.br

© de la traducción Sofía Crespo Madrid
© de la presente edición Libero Editorial, 2024

Este libro ha sido traducido con el apoyo de la Fundación Biblioteca Nacional del Ministerio de Cultura de Brasil y del Instituto Guimarães Rosa del Ministerio de Asuntos Exteriores de Brasil.

Primera edición: octubre, 2024

ISBN: 978-84-126672-6-4

Imagen de cubierta: Nuria Pazos Cuadrado, inspirada en una fotografía del espectáculo de la obra en Brasil (tomada por Cristina Maranhão).

Síguenos en:

instagram.com/Liberoeditorial
twitter.com/LiberoEditorial
facebook.com/LiberoEditorial
liberoeditorial.com

Impreso en Madrid - España

TAMBIÉN NOSOTRAS GUARDAMOS PIEDRAS

Luiza Romão

Traducción de Sofía Crespo Madrid

Libero · editorial

Prólogo

El lenguaje nunca tiene como objeto la pura felicidad. El lenguaje tiene como objeto la acción, cuyo fin es recobrar la felicidad perdida, pero la acción no puede alcanzarla por sí misma. Si fuera feliz, ya no actuaría. La pura felicidad es negación del dolor, de todo dolor, aunque fuera la aprehensión del dolor; es negación del lenguaje. En el sentido más insensato, es la poesía. El lenguaje obstinado en un rechazo, que es la poesía, se vuelve sobre sí mismo (contra sí mismo): es análogo a un suicidio.
George Bataille

1. Hay una urgencia performática en el acto de escribir poesía.

Toda poeta es primero una especie de cazadora incansable de los espacios donde circunda la poesía. El acto poético.

2. Toda búsqueda de la poesía empieza con alguna forma de movimiento radical del cuerpo, a veces imperceptible, con la consciencia del escribiente sobre el bombear insistente de la sangre. Es en suma, la disputa por la palabra. Corte preciso sobre la historia.

3. Para Michel de Certeau la historia comienza a ras del suelo, con los pasos. Es entonces caminar un proceso apropiativo de lo escrito en piedra. Caminar es el tránsito por las ficciones históricas del tiempo.

4. Luiza, querida, tú no caminas sobre la ciudad de piedra, arrancas adoquines con membrana de pasado y los envías proyectiles de futuro.

5. Si los rapsodas ejercían la palabra histórica el pasado es la posibilidad de que la garganta enriquezca de tierra una geografía minúscula y entierre, con piedras dentro, cuerpos que no acontecerán en la lengua del poeta.

6. Luiza, querida, tú inventas con la poesía otro órgano fónico, la boca soñada de la palabra sumergida.

7. No es palabra lo que se desconoce, pero hay cadáveres. Nestor Perlongher marcó la ruta.
Kamau Brathawaite dijo que antes de estudiar historia en Cambridge, él ya veía los cadáveres. Namsetoura se le reveló viva a través de una cámara desechable. Él no le dio voz, fue el canal para la existencia de una vida silenciada.

8. La voz es el ruido acusmático de los desaparecidos.

9. Russo Passapusso dice que la justicia es ciega, el coro de su voz dividida en múltiples voces a través de una máquina responde: estoy trazando varios planes para poder contraatacar.
Mirar hacia atrás con las piedras apretadas en las manos, arrancar unas dos más de allá para plantarlas anónimas en el presente.

10. Luiza no reescribe, nos toma de las manos con los párpados abiertos, nos obliga a mirar con las huellas dactilares la ficción de lo incomprobable que, sin embargo, se realiza en nuestro aquí.

11. Estamos escribiendo desde el fin del mundo.

12. Me pregunto Luiza, quién eres ahora después de dar paso con tu propia voz a la recreación del caos.

13. Uno se va perdiendo en lo que escribe, va forjando otras personeidades.

14. Pero, Luiza, tú no solo escribes, ejerces la palabra como quien se arranca millones de rostros. Sigo pensando quién serás ahora y cómo navega el lenguaje en ti.

Yuliana Ortiz Ruano
Agosto, 2024

(...) entonces estuvo listo mi propósito, fundido, templado, golpeado y forjado, como una lanza. Seguiré siendo testigo aun cuando no haya un solo ser humano que me pida mi testimonio.

Cassandra, Christa Wolf

ifigênia

a literatura ocidental começou com uma guerra
não a neblina das grandes cidades
faz tanto tempo que talvez ouço quase
a literatura ocidental começou com um massacre
isso você respira como quem veleja
o livro permanece aberto vê
é minha vez de contar a história
esse pacto só sobraram pedras
e rios sob o asfalto esse nevoeiro
agora chamam de santuário
o sêmen sobre os lábios seco
antes da primeira letra
antes do primeiro grifo
alguém já implorava misericórdia
estou pronta a canção
também as crianças precisam dormir

ifigenia

la literatura occidental comenzó con una guerra
no la neblina de las grandes ciudades
hace tanto tiempo casi tal vez escucho
la literatura occidental comenzó con una masacre
eso respiras como quien navega
el libro permanece abierto mira
es mi turno de contar la historia
este pacto solo han sobrado las piedras
y los ríos sobre el asfalto esta niebla
ahora la llaman santuario
el semen sobre los labios seco
antes de la primera letra
antes del primer enigma
alguien ya rogaba misericordia
la canción estoy lista
también las niñas necesitan dormir

agamemnon

te reconheço no coronel
netanyahu donald trump napoleão
sua saliva é a mesma dos banqueiros
desculpa alguma nem mesmo às crianças
      enfileiradas na terra batida
os recursos são finitos mas quem se importa
vencer a refrega uma vez por semana
nossa filha
sorte: há sempre uma igreja
para expiar os pecados
mesmo que milhares de mortos
mesmo que a fome
mesmo que
sorte: há sempre alguma que resiste
nossa força precária nossas velhas cantigas
você também está condenado

agamemón

te reconozco en aquel coronel
netanyahu donald trump napoleón
vuestra saliva es la misma que la de los banqueros
sin disculpas ni siquiera ante los niños
      alineados sobre la tierra vencida
los recursos son finitos pero a quién le importa
ganar la pelea una vez por semana
nuestra hija
qué suerte: hay siempre una iglesia
para expiar tus pecados
aunque haya millones de muertos
aunque haya hambre
aunque
qué suerte: hay siempre alguna que resiste
nuestra fuerza precaria nuestras viejas canciones
tú también estás condenado

homero

os gregos foram capazes de

milhares de troianos

homero

los griegos fueron capaces de

miles de miles de troyanos

porém
no último canto de ilíada
aquiles devolve a príamo
o corpo de seu filho heitor
hoje nesse momento aqui
no sul do sul do mundo
ainda não se tem notícia
dos mais de duzentos desaparecidos
na ditadura militar
um corpo é um atestado de barbárie
até os gregos tinham piedade

sin embargo
en el último canto de la ilíada
aquiles le devuelve a príamo
el cuerpo de su hijo héctor

hoy en este momento aquí
en el sur del sur del mundo
aún no hay noticias
de los más de doscientos desaparecidos
por la dictadura militar

un cuerpo es la prueba de la barbarie
hasta los griegos tenían piedad

diomedes

há diversas formas de matar um homem
quase todas ancestrais
te ensinaram macho que ri não entra nos céus
nada que te invada os buracos
nem mesmo a paixão
macho ranhento não governa impérios
ela estava em seu caminho ainda que deusa
desgraçada nos pés de um templo
era seu aliado bradando vingança
você goza enquanto enfia a lâmina
inventamos a pólvora mas não o desespero

diomedes

hay muchas maneras de matar a un hombre
casi todas ancestrales
te han enseñado hombre que ríe no entrará en los cielos
nada invada tus agujeros
ni siquiera la pasión
los machos cubiertos de mocos no gobiernan imperios
ella estaba en tu camino aunque fuera una diosa
deshonrada al pie de un templo
él era tu aliado gritando venganza
tú gozas mientras clavas la cuchilla
inventamos la pólvora pero no la desesperación

polixena

faz mais de três milênios ontem
era areia e eles carregavam flechas
era música e eles beberam demais
era túmulo e desvario
ser isca e esconder a dor
conheço essa cicatriz
se houvesse provas diferença alguma
você fez o que pôde
nem esse quarto nem nossos primos
nem o oficial que escaneava digitais
a vergonha vem a galope
pelo menos ganhamos a guerra
mas nem isso

polixena

hace más de tres milenios ayer
era arena y ellos cargaban flechas
era música y ellos bebían de más
era túmulo y desvarío
ser carnada y esconder el dolor
conozco esa cicatriz
si hubiese pruebas ninguna diferencia
tú hiciste lo que pudiste
ni ese cuarto ni nuestros primos
ni el oficial que escaneaba huellas digitales
la vergüenza viene al galope
por lo menos ganamos la guerra
pero ni eso

pátroclo

medo de atropelar e ser atropelada
o futuro anda tão mortífero sweet
um novo apocalipse se aproxima
vírus jazzes multidões nômades pelo continente
matar se assemelha a um girassol
te golpearam três vezes
também foi preciso despi-lo
deuses terríveis e uma facada nas costas
você perseguirá o algoz por séculos
nos sonhos nas filas de supermercado
nas ejaculações precoces
alguém pra te vingar pelo menos isso
hoje basta um comando
e se pode jantar em paz

patroclo

miedo a atropellar y ser atropellada
el futuro camina tan mortal *sweet*
se acerca un nuevo apocalipsis
los virus jazzes multitudes nómadas
por todo el continente
matar se parece a un girasol
te han atropellado tres veces
también fue necesario desnudarte
dioses terribles y una puñalada por la espalda
perseguirás a tu verdugo durante siglos
en sueños en colas de supermercado
en eyaculaciones prematuras
alguien que te vengue al menos eso
hoy basta una orden
y podrás cenar en paz

eneias

ninguém sobrevive impune
eternamente covarde
eternamente sagaz
também meu pai ou seria meu avô
zarpou ao primeiro bombardeio
tenho medo de incêndios talvez por isso
confiro o gás três vezes antes de deitar
seus ombros suas coxas
essas palavras viris
já não sei como te chamar
um homem sem violência
nem de perto um touro
te apontaram o dedo você escapou
fizemos pior que eles

eneas

nadie sobrevive impune
eternamente cobarde
eternamente astuto
también mi padre o debería decir mi abuelo
zarpó al primer bombardeo
temo los incendios tal vez por eso
compruebo el gas tres veces antes de acostarme
tus hombros tus muslos
esas palabras viriles
ya no sé cómo llamarte
hombre sin violencia
ni siquiera cerca de un toro
te señalaron con el dedo te escapaste
nosotros lo hicimos peor que ellos

ilíone

era dos troianos a guerra
e isso é tão indiscutível
quanto a beleza dos teus olhos
era dos troianos a guerra
e isso é tão indiscutível
quanto a aspereza do obelisco
em pleno viaduto costa e silva
era dos troianos a guerra
mas os deuses eram gregos
e também o poeta
e alguns troianos

ilíone

La guerra era de los troyanos
y eso es tan indiscutible
como la belleza de tus ojos
la guerra era de los troyanos
y eso es tan indiscutible
como la aspereza del obelisco
en medio del viaducto costa y silva
la guerra era de los troyanos
pero los dioses eran griegos
y también lo era el poeta
y algunos troyanos

príamo

em português se diz destrua e não destroia
nem no verbo na aniquilação total
a cidade sobrevive
não conseguimos te proteger
testículos arremessados aos cães
um ancião conta drops no semáforo
sabíamos desde o começo
a) eles falam a mesma língua
b) definem o que é clássico
c) os píncaros são altos demais pra voz humana

príamo

en portugués se dice *destrua* y no *destroia*
ni en el verbo en la aniquilación total
la ciudad sobrevive
no lo pudimos proteger
testículos arrojados a los perros
un anciano cuenta gotas en los semáforos
lo sabíamos desde el principio
a) ellos hablan la misma lengua
b) definen lo que es clásico
c) los pináculos son demasiado altos para la voz humana

antíloco

não leve em hipótese alguma nunca
quando for deixe pra trás
o nome de seus filhos
o enxoval em ponto-cruz
canetas hidrográficas faber castell
tudo o que pode ser criptografado
votos de ano novo gatas siamesas
sua tia detestava jane austen?
seu pai torcia pro river?
jogue fora inclusive os miúdos
seu ódio pelo espelho

antíloco

no te lo lleves nunca
cuando te vayas deja
los nombres de tus hijos
el ajuar en punto de cruz
los rotuladores faber castell
todo lo encriptado
deseos de año nuevo gatas siamesas
¿odiaba tu tía a jane austen?
¿apoyaba tu padre al river?
deshazte incluso de las vísceras
tu odio al espejo

ajax

I.

não venha não agora nem pense em dizer que se
arrepende ou tem medo de enlouquecer ▮▬▬
▬▬▬▬▬▬▬▬▬▬▬▬▬▬▬▬▬▬▬▬
▬▬▬▬▬▬▬▬ desgraçado sarajevo
canudos hds no fundo do oceano febre orfandade
infecção pede mais uma rodada já era a biblioteca
o aeroporto os cinemas conjuntos habitacionais
uma dose de suco limão só sua prole permanece
intacta ▮▬▬▬▬▬▬▬▬▬▬▬▬▬
▬▬▬▬▬▬▬▬▬▬▬▬ não era isso que
você veio fazer aqui seis pedras de gelo desbravar
a américa uma rota direta para o índico abre um
whisky aguenta seus fantasmas não era ▮▬▬▬
▬▬▬▬▬▬▬▬▬▬▬▬▬▬▬▬▬▬▬▬
▬▬▬▬▬▬▬▬▬▬▬▬▬▬▬▬▬▬▬▬
▬▬▬▬▬▬▬▬▬▬▬▬▬▬▬▬▬▬▬▬
▬▬▬▬▬▬▬ a palavra divina a escrita sagrada
tecnologias um maço de hortelã pode colocar ▮▬
▬▬▬▬▬▬▬▬▬▬▬▬▬▬▬▬▬▬▬▬
▬▬▬▬▬▬▬▬▬▬▬▬▬▬▬▬▬▬▬▬
▬▬▬▬▬▬▬▬▬▬▬▬▬▬▬▬▬▬▬▬
▬▬▬▬▬▬▬▬▬▬▬▬▬▬▬▬▬▬▬▬
▬▬▬▬▬▬▬ tudo na conta dele garçom
é dia de comemorar sua vitória

áyax

I.

no vengas no vengas ahora ni se te ocurra decir que te
arrepientes o que tienes miedo de volverte loco ▬▬▬
▬▬▬▬▬▬▬▬▬▬▬▬▬▬▬▬▬▬▬▬▬▬▬▬▬▬
▬▬▬▬▬▬▬▬▬▬ desgraciada sarajevo paji-
tas de plástico en el fondo del océano fiebre orfan-
dad infección pide otra ronda la biblioteca ya no está
el aeropuerto los cines las urbanizaciones un chupi-
to de jugo de limón solo tu descendencia permanece
intacta ▬▬▬▬▬▬▬▬▬▬▬▬▬▬▬▬▬▬▬▬▬
▬▬▬▬▬▬▬▬▬▬▬▬▬▬▬ eso no era lo que venías a
hacer aquí seis piedras de hielo abrir america una ruta
directa al indico abre una whisky aguanta tus fantas-
mas no fue no era ▬▬▬▬▬▬▬▬▬▬▬▬▬▬▬
▬▬▬▬▬▬▬▬▬▬▬▬▬▬▬▬▬▬▬▬▬▬▬▬▬▬
▬▬▬▬▬▬▬▬▬▬▬▬▬▬▬▬▬▬▬▬▬▬▬▬▬▬
▬▬▬▬▬▬▬▬▬▬▬ la palabra divina la escritura sa-
grada tecnologías que un manojo de menta pue-
de poner ▬▬▬▬▬▬▬▬▬▬▬▬▬▬▬▬▬▬▬▬
▬▬▬▬▬▬▬▬▬▬▬▬▬▬▬▬▬▬▬▬▬▬▬▬▬▬
▬▬▬▬▬▬▬▬▬▬▬▬▬▬▬▬▬▬▬▬▬▬▬▬▬▬
▬▬▬▬▬▬▬▬▬▬▬▬▬▬▬▬▬▬▬▬▬▬▬▬▬▬

todo en su cuenta camarero es día de celebrar su
victoria

II.
a destruição é rápida mas o inferno contínuo

II.
la destrucción es rápida pero el infierno es continuo

ulises

nada como contar uma boa história
se apaixonar pela dor manter a camisa limpa
uma legião de fãs pra te honrar
olha ele o grandioso
olha ele as façanhas
quem mais calaria sirenes?
sem trapaça haveria vitória?
no jornal falam de acordos e estado de exceção
sua foto estampada junto a diplomatas ianques
sem o elmo de javali até parece digno
sem o ghostwriter até parece verdade

ulises

nada como contar una buena historia
enamorarse del dolor mantener la camisa limpia
una legión de fans para honrarte
míralo el grande
mira sus hazañas
¿quién si no silenciaría sirenas?
sin trampas ¿habría victoria?
en el periódico hablan de acuerdos y de estado
de excepción
su foto impresa junto a diplomáticos yanquis
sin el yelmo de jabalí parece digno
sin el *ghostwriter* parece cierto

polifemo

ninguém te cegou não
não foi ulisses
aquela noite o policial não tinha identificação

polifemo

nadie te cegó
no fue ulises
esa noche el policía no llevaba identificación

protesilau e laodâmia

o herói que pisa em marte
                                sua estátua forjada em bronze
o herói que sobe à morte
                                incapazes ou viúvas
o herói que primeiro mata
                                alçar-se à pira funerária
o herói que por último
                                torcer pelo vento

protesilao y laodamía

el héroe que pisa en marte
                    su estatua forjada en bronce
el héroe que se eleva hasta la muerte
                        incapaces o viudas
el héroe que mata primero
                    sube a la pira funeraria
el héroe que al final
                    aclamar al viento

briseida

primeiro esquecemos como se diz milharal
talvez porque nessa época eram irreconhecíveis
os grãos que chegavam em embalagens metálicas
depois esquecemos como se escreve legislatura

uma língua tomada de assalto
bênção de mãe unguento retina
perdemos as vogais depois os rios
por fim ninguém mais engravidou

briseida

primero olvidamos cómo decir maizal
quizás porque entonces eran irreconocibles
los granos que llegaban en paquetes metálicos
después olvidamos cómo se escribe legislatura

una lengua asaltada
bendición de madre ungüento retina
perdimos las vocales luego los ríos
al fin nadie se ha embarazado

hécuba

o primeiro estudava biologia
os gêmeos gostavam de rock
o nono não foi batizado
o mais alto era alérgico
o barbudo falava dormindo
os do meio jogavam hóquei
o caçula tinha dislexia
o décimo sexto gostava de rapazes
os de cabelo curto trabalhavam no centro
o oitavo calçava quarenta-e-três
os menores comiam escondido
o centésimo nasceu em outubro

sim senhor
eram todos meus filhos
agora sai da frente

hécuba

el primero estudiaba biología
a los gemelos les gustaba el rock
el noveno no había sido bautizado
el más alto era alérgico a todo
el barbudo hablaba dormido
los del medio jugaban al hockey
el menor tenía dislexia
al decimosexto le gustaban los chicos
los del pelo corto trabajaban en el centro
el octavo calzaba cuarenta y tres
los más pequeñitos comían a escondidas
el centésimo nació en octubre

sí señor
todos eran mis hijos
ahora apártese

heitor

você já suspeitava cariño eu também
errar o inimigo é tão fatal quanto acertá-lo
nunca tivemos chance
mesmo assim você me levava
ao cinema às quartas-feiras
o mar de cana invadindo o horizonte
diziam ser ficção
o futuro será transgênico risos

eu cresci entre homens
sei quando têm sede
quando fingem cumplicidade
quando desviam o assunto ansiando o poder
posso até superá-los em certas manhãs
mas você era mais parecido com um carneiro

deixa estar
vou recolher seus ossos
cruzar a fronteira
um muro do texas ao arizona
ninguém te lembrará como herói
e essa é a melhor parte

héctor

ya lo sospechabas *mon amour* yo también
fallar al enemigo es tan fatal como acertarlo
nunca tuvimos salida
sin embargo me llevabas
al cine los miércoles
el mar de caña invadiendo el horizonte
decían que era ficción
el futuro será transgénico risas

yo crecí entre hombres
sé cuándo tienen sed
cuándo fingen complicidad
cuándo desvían el tema anhelando el poder
incluso puedo superarlos algunas mañanas
pero tú te parecías más a un carnero

déjalo así
recogeré tus huesos
cruzaré la frontera
un muro de texas a arizona
nadie te recordará como un héroe
y esa es la mejor parte

paris

não te avisaram i'm so sorry
ninguém lembrou de te contar
um homem que escolhe o amor
não pode ser redimido
que ele esfole com acetona
os dentes de sua irmã
que ele incendeie quarenta e três
araucárias em extinção
que ele pregue na sala de visitas
a carcaça do último búfalo d'água

tudo isso voilà
tudo isso é compreensível
mas um homem que escolhe o amor
isso é imperdoável

paris

nadie te avisó *i'm so sorry*
nadie se acordó de decírtelo
un hombre que escoge el amor
jamás será redimido
que frote con acetona
los dientes de su hermana
que prenda fuego a cuarenta y tres
araucarias en extinción
que clave en el salón
la carcasa del último búfalo de agua

y todo esto *voilà*
todo esto es comprensible
pero un hombre que elige el amor
eso es imperdonable

menelau

```
G                              Am
você me abandonou feito cachorro em dia de chuva
G
eu era o sol e você minha lua
Am
minha mão só encaixa na sua
G                              Am
diga se queres ser minha ou preferes ser viúva
G/B       C
não podes não me amar
G/B       C
não podes não me querer
Em        Am
eu prefiro até morrer
C         Am
a ver outro te beijar
C         Am
a ver outro te morder
G         Am
não vou suportar (2×)
```

menelao

G   Am
me abandonaste como un perro en un día de lluvia
G
yo era el sol tú eras mi luna
Am
mi mano encaja solo en la tuya
G   Am
dime si prefieres ser mía o prefieres ser viuda

G/B   C
no puedes dejar de amarme
G/B   C
no puedes dejar de quererme
Em   Am
y yo prefiero morirme
C   Am
antes de ver que otro te bese
C   Am
antes de ver que otro te muerde
G   Am
no lo podré soportar (bis)

helena

I.
se não ela
a) tubos de alumínios nos subúrbios de bagdá
b) danças satânicas
c) temperos picantes e magenta

II.
ainda suspeito a mulher mais bela do mundo
a mulher universal quem diria bela tão bela
nunca pisou em troia

III.
ah vá seja original
no mínimo isso
cadela é meio old school

IV.
ainda suspeito a mulher mais bela do mundo
a mulher universal quem diria bela tão bela

nunca pisou na terra

V.
por que eles attack é o que menos importa

helena

I.
si no es ella
a) tubos de aluminio en los suburbios de bagdad
b) danzas satánicas
c) especias picantes y magenta

II.
sigo sospechando la mujer más bella del mundo
la mujer universal se diría bella tan bella
jamás pisó troya

III.
ay ya seamos más originales
por favor
perra suena un poco *old school*

IV.
sigo sospechando la mujer más bella del mundo
la mujer universal se diría bella tan bella

jamás pisó la tierra

V.
por qué ellos atacan es lo que menos importa

aquiles

eu aceito ouié eu digo sim
mas antes
me mostre seu calcanhar

aquiles

yo acepto yo digo que seh
pero antes
muéstrame tu talón

tétis

eles não são pais ainda que tenham filhos
pois amam ser filhos já diria o cantor
todo homem precisa de uma mãe
uma mãe que lhe acalente o choro e as birras
uma mãe que lhe corte as unhas e esquente a canja
uma mãe que lhe faça boquetes e vá ao altar
uma mãe que lhe dê filhos saudáveis bem-educados
seu nariz sua boca seu jeitinho de resmungar
filhos exímios e super parecidos com papai
mas nunca seus

tetis

no son padres aunque tengan hijos
porque les encanta ser hijos como diría aquel cantante
todo hombre necesita una madre
una madre que calme sus llantos y sus pataletas
una madre que le corte las uñas y le caliente la sopa
una madre que le haga mamadas y le lleve al altar
una madre que le dé hijos sanos y bien educados
su nariz su boca su manera de murmurar
hijos excelentes muy parecidos a papá
pero nunca suyos

sarpedon

como velar o rapaz sem sua roupa preferida
um caixão fechado quando muito
conheci lojas de departamento com seu nome
não houve espaço para a lápide
é melhor dar uma volta sugeriram
nem todos são filhos do rei
nem todos caem do céu

sarpedón

cómo velar al niño sin su ropa favorita
el ataúd cerrado como mucho
hay grandes tiendas con su nombre
no había sitio para una lápida
será mejor que te des un paseo me sugirieron
ni todos son hijos del rey
ni todos caen del cielo

zeus

então isso de estupro
não é exclusividade dos homens

zeus

entonces eso de violar
no es exclusivo de los hombres

atenas

tinha que ser uma de nós a mais loba
tâmaras suculentas nos bolsos
e um capacete de fazer inveja
tinha que ser uma de nós a mais eficiente
blefes precisos nas rodadas de poker
tinha que ser uma de nós
necessariamente
então eles justificariam
também ela esteve presente
também ela assinou a jurisdição
também ela pediu reforços
e se regozijou
suas sentenças suas leis
satisfeita interrogação
você nos entregou a todas
e nem pediu recibo

atenas

tenía que ser una de nosotras la más loba
dátiles jugosos en sus bolsillos
y un casco que daba envidia
tenía que ser una de nosotras la más eficiente
bluffs precisos en las partidas de póker
tenía que ser una de nosotras
necesariamente
porque así ellos pueden justificarse
también ella estuvo presente
también ella firmó el documento
también ella pidió refuerzos
y se regocijaba
sus sentencias sus leyes
satisfecha interrogando
tú nos entregaste a todas
sin pedir siquiera un recibo

nestor

CEDENTE ██████████████████, casado, assessor contábil, RG nº ████████ e CPF ██████████, casado sob-regime de Comunhão Universal de Bens com ██████████████, brasileira, do lar, RG nº ████████ e CPF ██████████████, ambos residentes e domiciliados█████████████████
███████████████████████████████████
██████████, Cidade de ██████ e Estado de ████████████████, neste contrato identificados como **CEDENTES**.

CESSIONÁRIO ████████████████████
███████████████████████████████████
███████████████████████████████████
███████████████████████████████████
███████████████████████████ neste ato identificado como **CESSIONÁRIO**.

OBJETO: █████████████████████
███████████████████████████████████
███████████████████████████████████
███████████████████████████████████
███████████████████████████████████
███████████████████████████████████
███████████████████████████████████
███████████████████████████████████
███████████████████████████████████
███████████████████████████████████
███████████████████████████████████

néstor

CEDENTE ████████████████, casado, asesor contable, RG n° ██████████ y CPF ████████████████ casado en régimen de Comunión Universal de Bienes con ████████████, brasileña, ama de casa, RG n° ████████████ y CPF ████████████████ ambos residentes y domiciliados ████████████████████████████████ ████████████████████████████████████, Ciudad de ██████ y Estado de ████████████████████, en este contrato identificados como **CEDENTES**.

CESIONARIO████████████████████████ ████████████████████████████████████ ████████████████████████████████████ ████████████████████████████████████ ████████████ en el presente contrato identificado como **CESIONARIO**.

OBJETO: ████████████████████████████ ████████████████████████████████████ ████████████████████████████████████ ████████████████████████████████████ ████████████████████████████████████ ████████████████████████████████████ ████████████████████████████████████ ████████████████████████████████████ ████████████████████████████████████ ████████████████████████████████████ ████████████████████████████████████

Por este Contrato Particular de **TRANSFERÊNCIA DE POSSE E BENFEITORIAS**, têm, entre si, com a presença de testemunhas, como justo e contratado o que segue

Por el presente Contrato Privado de **TRANSFEREN-CIA DE POSESIÓN Y MEJORAMIENTO,** tienen, entre sí, con la presencia de testigos, como justo y con-tratado lo siguiente.

pentesileia

I.
deixar cair nos olhos a noite
a boca cheia de terra
miolos intestinos nas mãos
a porra molha seu cadáver
escreveram patriarcado nos tanques

II.
achávamos que eles tivessem limites

III.
hoje chamam de amazonas senhoras esbeltas
hoje chamam de amazonas patroas e esporas
mas sua garganta nos meus ouvidos despertos
que nos arranquem os membros
processo civilizatório número cinco
você nos inflou coragem
reluzente e perene
como o bronze que enfrenta déspotas
como a corça que recebe a tempestade
como meninas que inventam epopeias

pentesilea

I.
deja caer la noche en los ojos
la boca llena de tierra
sesos intestinos en las manos
el semen moja tu cadáver
escribieron patriarcado en los tanques

II.
pensábamos que ellos tenían límites

III.
hoy les dicen amazonas a las señoras esbeltas
hoy les dicen amazonas a las jefas y espuelas
pero tu garganta está en mis oídos despiertos
que nos arranquen los miembros
proceso civilizador número cinco
nos diste el coraje
brillante y eterno
como el bronce que se enfrenta a los déspotas
como la cierva que abraza la tempestad
como las niñas que inventan epopeyas

cassandra

entenda sis anunciar a desgraça
não é o mesmo que remediá-la
primeiro você dirá está podre
depois com perícia
raspará da casca a polpa gosmenta
o chorume se espalha
há fungos pré-históricos
há fungos abençoados
está podre repetirá didática

eles continuarão a palitar os dedos dos pés

talvez você chore talvez arranque
do púbis ao queixo todos os pelos
uma mulher carbonizada no meio da avenida
talvez mostre relatórios do ibama
a fotografia aérea de crianças vietnamitas
fatos antes incontestáveis
fatos antes never more

eles continuarão a palitar os dedos dos pés

talvez te chamem de louca ou naive
são incontáveis as formas
de rebaixar uma mulher
what? você tá falando grego

casandra

entiende *sis* anunciar la desgracia
no es lo mismo que remediarla
primero dirás está podrida
luego con destreza
pelarás la cáscara la pulpa pegajosa
los restos se esparcen
hay hongos prehistóricos
hay hongos benditos
está podrida repetirá didácticamente

ellos seguirán hurgándose los dedos de los pies

tal vez llores tal vez te arranques
del pubis a la barbilla todos los pelos
una mujer carbonizada en medio de la avenida
tal vez muestres informes del ibama
una fotografía aérea de niños vietnamitas
hechos antes indiscutibles
hechos *never more*

ellos seguirán hurgándose los dedos de los pies

tal vez te llamen loca o *naive*
son incontables las formas
de humillar a una mujer
what? ¿estás hablando griego?

está podre seus seios em chama
ainda assim
eles se lambuzarão

está podrida sus pechos en llamas
incluso así
ellos habrán de lamerse

andrômaca

não conheci troia
ruínas a mais ruínas a menos
também guardamos pedras aqui
do outro lado do oceano
tudo o que aprendi foi nesse alfabeto moderno
eis o momento apoteótico minha obsessão
nossos despojos é troia
minhas amigas encurraladas
na mesa do chefe é troia
a jovem saco preto no rosto
festa de luxo é troia
as baratas roendo o cu
da guerrilheira comunista é troia
é troia meu fotógrafo baleado no rosto
é troia os corpos desovados no mangue
as lideranças perseguidas é troia
as vítimas de feminicídio é troia
os milicos os fascistas os tiranos
disparam todos contra troia
a filosofia o direito o ocidente
nascem da devastação de troia
agora você entende por que voltei?
não conheci troia mas a entrevejo esplêndida
nas carícias clandestina durante os bombardeios
e gás de pimenta nas barricadas
nas clínicas de aborto nos abrigos
inusitados na desobediência

andrómaca

no conocí troya
una ruina más una ruina menos
también guardamos piedras aquí
al otro lado del océano
todo lo que he aprendido estaba en ese alfabeto moderno
este es el momento apoteósico mi obsesión
nuestros despojos es troya
mis amigas acorraladas
contra el escritorio del jefe es troya
la mujer con la bolsa plástica en la cara amarrada
fiesta de lujo es troya
las cucarachas royendo el ano
de la guerrillera comunista es troya
es troya mi fotógrafo tiroteado en la cara
es troya los cuerpos tirados en los manglares
los líderes perseguidos son troya
las víctimas del feminicidio son troya
los milicos los fascistas los tiranos
disparan todos contra troya
la filosofía el derecho el occidente
nacen de la destrucción de troya
¿ahora entiendes por qué he vuelto?
no conocí troya pero la veo espléndida
en las caricias clandestinas durante los bombardeos
y el gas pimienta en las barricadas
en las clínicas de aborto en los refugios
inusitados en la desobediencia

no canto sim no canto
eu não vou me entregar
você grita eu repito
através dos séculos
minha irmã
não há poemas para ti
nenhuma linha sobre cibele
onde perdemos o tino quando virou espetáculo
maldita literatura e seu panteão de vitórias
me abrace forte a explosão está próxima
ela há de vir

en la canción sí en la canción
yo no me rindo
tú gritas yo repito
a través de los siglos
mi hermana
no hay poemas para ti
ningún verso sobre cibeles
donde perdimos el juicio
cuando se convirtió en espectáculo
maldita literatura y su panteón de victorias
abrázame fuerte la explosión está cerca
ella ha de venir

ÍNDICE

Este libro se terminó de editar el 13 de agosto de 2024, gracias al apoyo de la Fundación Biblioteca Nacional del Ministerio de Cultura de Brasil y del Instituto Guimarães Rosa del Ministerio de Asuntos Exteriores de Brasil.

«Mi madre, la diosa Tetis, de pies de plata, dice que las parcas pueden llevarme al fin de la muerte de una de estas dos maneras: si me quedo aquí a combatir en torno de la ciudad troyana, no volveré a la patria tierra, pero mi gloria será inmortal; si regreso, perderé la ínclita fama, pero mi vida será larga, pues la muerte no me sorprenderá tan pronto».

Aquiles en *La Idíada*, Homero

Este libro ha sido traducido con el apoyo de la
Fundación Biblioteca Nacional del Ministerio
de Cultura de Brasil y del Instituto Guimarães
Rosa del Ministerio de Asuntos Exteriores
de Brasil.

 BIBLIOTECA NACIONAL

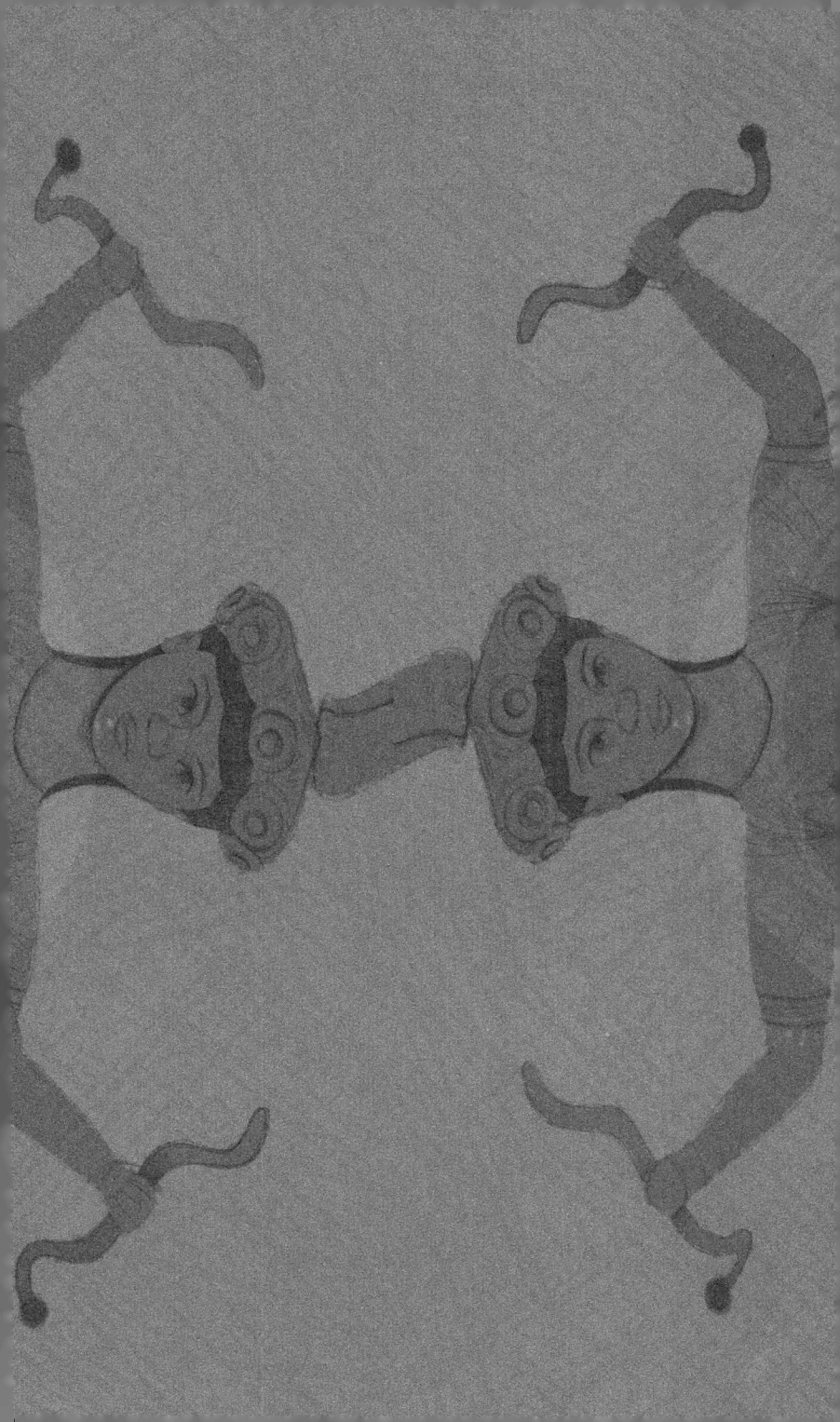

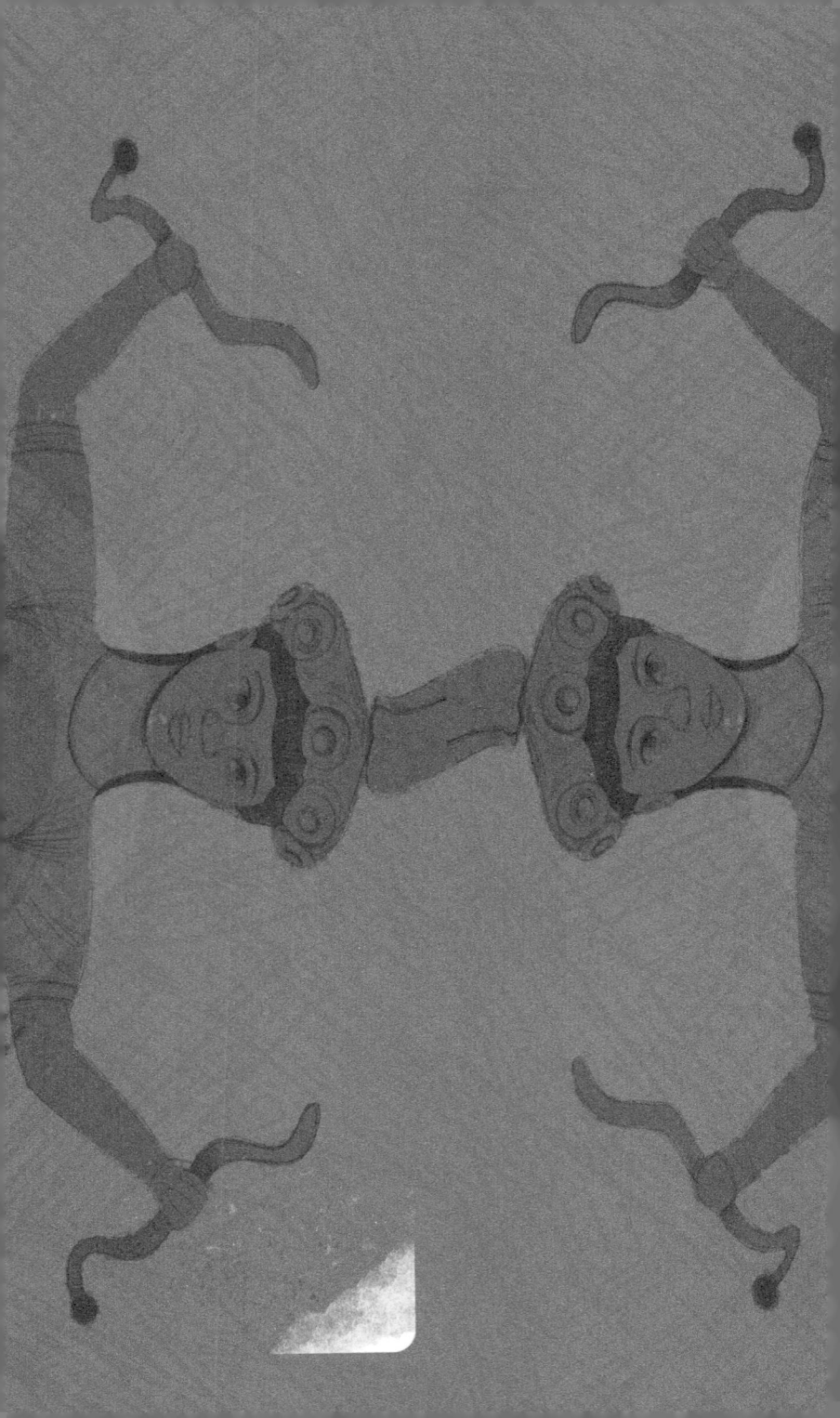